새몽이

원작 | 정브르
126만 구독자를 보유한 생물 크리에이터로 MCN 회사 샌드박스네트워크 소속이에요. 곤충과 파충류부터 바다생물까지 다양한 생물을 소개하는 참신한 콘텐츠를 선보이며 생물 전문 크리에이터로 큰 사랑을 받고 있답니다. 유튜브 채널에서 동물 사육, 채집 등의 재미있고 유익한 영상을 소개하고 있으며, 도서와 영화를 통해 고유의 콘텐츠와 더불어 동물을 사랑하는 마음까지 대중에게 알리고 있어요.

글 | 한바리
2000년 단편 만화로 데뷔한 이후, 2006년부터 아동 만화의 콘티와 스토리를 쓰고 있어요. 어린이들이 쉽고 재미있게 읽을 수 있는 이야기를 만들기 위해 노력하고 있죠. 대표작으로 《세계 도시 보물찾기》 시리즈 등이 있답니다.

그림 | 도니패밀리
귀여운 그림과 재미있는 표정 연출이 주특기인 신재환, 정동호 두 그림 작가로 이루어진 팀이에요. 그림을 보며 즐거워하는 독자들의 모습을 상상하면 도니패밀리의 에너지는 빵빵해집니다. 재미있고 늘 생각나는 만화를 만들기 위해 즐겁게 그림을 그린답니다.

감수 | 샌드박스네트워크
대한민국을 대표하는 MCN 기업으로, 건전하고 다양한 디지털 콘텐츠를 만들기 위해 노력해요. 도티, 정브르, 옐언니, 급식왕, 민쩌미 등 유명 크리에이터가 소속되어 있어요.

1판 1쇄 발행 2022년 7월 25일　**1판 3쇄 발행** 2023년 8월 15일

원작 정브르
글 한바리　**그림** 도니패밀리　**감수** 샌드박스네트워크
발행인 심정섭　**편집장** 최영미　**편집자** 손유라, 이은정
출판마케팅 담당 홍성현, 김호현　**제작 담당** 오길섭, 정수호　**홍보마케팅** 김지선
발행처 (주)서울문화사　**등록일** 1988년 2월 16일　**등록번호** 제 2-484
주소 서울특별시 용산구 새창로 221-19
전화 편집 02-799-9145　**출판마케팅** 02-791-0708
디자인 김윤미
ISBN 979-11-6923-520-4
　　　979-11-6923-519-8 (세트)

ⓒ정브르 ⓒSANDBOX

장수말벌 비비 실종 사건

원작 **정브르**　글 **한바리**　그림 **도니패밀리**

서울문화사

차 례

프롤로그 … 9

1장 장수말벌 비비 실종 사건 … 14

사건 파일 #01
장수말벌 비비 실종 사건

의뢰 곤충 장수말벌 부부

등장 곤충 장수말벌, 꿀벌, 사마귀, 불개미, 장수풍뎅이

✦ 브르의 곤충 탐구 파일

절지동물과 곤충 … 76

개미 … 78

2장 좀비 습격 사건 ···80

의뢰 곤충 ???

등장 곤충 무당벌레, 호랑나비, 매미, 대벌레

에필로그 ···**128**

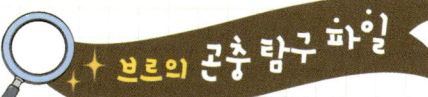

곤충의 탈바꿈 ··· **132**
곤충의 방어 기술 ··· **134**

정답 ··· **136**

등장인물

"걱정 마요.
저희는 어려운 일을
겪는 곤충을 그냥
지나치지 않거든요."

"잠시만, 곤충 탐정?
그럼 유명해지는 거야?"

정브르

세상의 모든 생물을 사랑하는 진정한 생물 유튜버다. 생물에 대한 상식으로 곤충 세계에서 발생한 사건을 해결해 탐정으로 거듭난다.

고나

항상 탐정 모자를 쓰고 수첩과 볼펜을 가지고 다니며 탐정을 꿈꾸는 강아지다. 무엇이든 나오는 만능 가방으로 사건 해결에 도움을 준다.

하잇, 여러분! 브르입니다!

브르는 오늘도 어김없이 유튜브 스트리밍으로 브린이 친구들과 소통 중이야.

채팅창에서 브린이 친구들이 곤충에 대한 특이하고 신기한 질문을 잔뜩 하고 있어.

어떤 질문인지 한번 볼까?

한창 방송 중일 때, 갑자기 의문의 편지 봉투가 요란하게 곤충하모니로 들어왔어.
여기저기 날아다니던 편지 봉투는 곤충하모니 구석에 있는 나무에 앉았어.
브르는 잠자리채를 쥔 채 조용히 다가갔지.

드디어 잡았다!

편지 봉투에는 아무것도 써져 있지 않았어.
 봉투에 날개가 달려 있다니, 누가 보낸 걸까?
편지 봉투가 무척 의심스러웠던 브르는 돋보기를 꺼내
편지 봉투를 이리저리 살펴보았어.

안심이 된 브르는 편지 봉투를 뜯었어.
봉투 안에는 수상한 초대장이 들어 있었지.

브르와 고나는 순식간에 풀숲으로 떨어졌어. 풀잎에 발을 디디며 아슬아슬하게 땅에 내려왔지.

뿅 뿅 데굴 데굴

🐶 이곳이 곤충 세계야?

고나는 불안감에 주위를 두리번거렸어.
몸보다 커다란 풀잎에 브르도 당황스러웠어.

후다닥

초대장이 우리를 이상한 곳으로 보낸 거 아냐?

두리번 두리번

어라? 왜 불개미가 혼자 다니지?

착지 성공!

척!

쿠당

멍!

그때 풀숲 너머로 왁자지껄한 소리가 들렸어.

웅성 웅성
시끌시끌

무슨 소리지?

수상한데?
가서 살펴보자!

하지만 놀라움도 잠시였어. 고나는 다시 고민에 빠졌지.

🐕 그런데 우리에게 초대장을 보낸 곤충은 누구일까?

🧒 음, 편지 봉투에 힌트가 있을지 몰라.

고나가 만능 가방 속에 넣었던 편지 봉투를 꺼내 이리저리 살펴보았지만 힌트를 찾을 수 없었어.

🧒 나랑 같이 봉투를 살펴보자.

🐝 땅속에 집을 짓고 사는 거대한 장수말벌이지!

브르가 하늘을 가리키며 소리쳤어. 마치 탐정처럼 말이야.

척!

이렇게 빨리 알아내다니!

오, 마치 탐정이 된 기분이야!

장수말벌 부부는 서둘러 땅으로 내려왔어.

우리를 이곳에 초대한 이유가 뭐죠?

우리 막내 비비가 사라졌는데 도저히 못 찾겠어요!

벌써 30시간이 넘었는데, 무슨 일이 생겼으면 어쩌죠?

울먹 울먹

우선 메모하자!

브르는 마지막으로 비비의 생김새를 물었어.

그리고 고나의 수첩을 빌려 비비의 모습을 천천히 그렸지.

🐝 우리 비비의 눈은 아주 초롱초롱하고요! 환한 미소에 날개는 어찌나 빛나는지…, 무척 귀엽답니다!

🐝 남을 배려할 줄 아는 착한 아이죠.

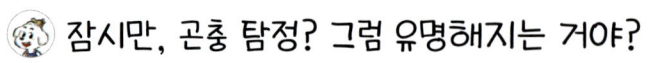 잠시만, 곤충 탐정? 그럼 유명해지는 거야?
 당연하지! 어려운 사건을 해결해 주니까!

고나는 유명해진 모습을 상상했어.

이번에도 고나 님께서 사건을 해결하셨대!

후훗!

찰칵

헤헤헤~

찰칵

덕분에 곤충 세계가 평화를 찾았어!

찰칵

비비가 실종돼서 얼마나 속상하겠어? 우리가 장수말벌 가족을 도와주자!

좋아! 그럼 시작하자고!

파앗

당연히 다르지! 벌이라고 다 똑같다고 생각하면 안 돼!
그 녀석들은 곤충을 먹는다고!
맞아. 우린 꿀을 먹는단 말이야!
장수말벌은 덩치도 우리보다 4배는 크면서 우리를 얼마나 괴롭히는지 몰라!
윙윙!
그러고 보니 장수말벌보다 많이 작네.
그거 알아? 말벌의 '말'은 크다는 뜻이래.
그런데 우리 늦지 않았어?

평소에 장수말벌에게 당한 게 많았는지 꿀벌들은 불만을 쏟아 냈어. 그러다 꿀벌 여왕의 출산을 도우러 급히 벌집으로 날아갔지.

브르와 고나는 정보를 더 얻기 위해 꿀벌 여왕도 만나 보기로 했어. 그래서 꿀벌들을 뒤따라갔지.

장수말벌을 무척 싫어하는 게 의심스러웠거든.

- 편지 봉투의 말벌집은 나무껍질로 됐던데 여긴 다르네?
- 꿀벌은 단단하게 굳어지는 밀랍으로 집을 만들거든.

브르와 고나는 꿀벌 여왕을 방해하지 않으려 살금살금 나무 아래로 내려왔어.

- 꿀벌들이 아무리 장수말벌을 싫어해도 자기보다 훨씬 큰 상대를 공격하긴 어려울 거야.
- 꿀벌만의 공격법이 있어. 꿀벌은 무리 지어 말벌을 둘러싼 뒤 몸을 움직여 온도를 높이고, 이산화 탄소를 내뿜어 말벌이 숨을 못 쉬게 만들거든.
- 비비는 착한 아이라고 했는데…, 꿀벌들이 다른 못된 장수말벌이랑 비비를 헷갈린 건가?

그럼 꿀벌들이 비비가 혼자일 때를 노려 공격했을 수도….

앗, 이건?

브르는 풀잎에 찍힌 4개의 발자국과 여기저기 긁힌 흔적을 발견했어.

- 왜 그래? 단서가 될 만한 것을 발견했어?
- 여기 풀잎에 찍힌 발자국을 봐.
- 이 발자국이 누구 건데?
- 한번 맞혀 볼래? 힌트는 세모난 머리에 강한 아래턱, 그리고 날카로운 톱니가 달린 큰 앞다리야.

브르의 말을 들은 고나는 발자국의 주인에 대해 상상하면 할수록 점점 무서워졌어.

꺄아아아악 외계인이다!

번뜩!

고나는 외계인을 상상하며 덜덜 떨었어.

🐻 지, 진정해! 정답은 숲속의 사냥꾼 사마귀야.
🐭 사, 사마귀? 그렇지! 나도 사마귀라고 말하려 했어!
🐻 지금 네 앞에 사마귀가 있어.

고나의 눈앞에 사마귀가 앞발을 날카롭게 든 채 서 있었어.

꺄악! 고나 살려! 이때까지 왜 못 봤지?

풀 색깔과 비슷해서 그래.

🐻 쉿! 지금 사마귀가 사냥하려는 거 같아.

브르와 고나는 숨죽여 사마귀를 바라봤어.

사마귀는 재빠르게 앞다리로 작은 개구리를 낚아챘어.
그 모습을 보고 고나는 기절할 뻔했지.

- 사마귀가 개구리를 사냥하다니!
- 날카로운 앞다리로 먹이가 빠져나가지 못하게 꽉 움켜쥔 뒤, 강한 턱으로 와작와작 씹어 먹거든.

와작와작이라니, 고나는 당장이라도 도망가고 싶었어. 그런데 고나를 더 놀라게 한 건 브르가 사마귀에게 말을 건 거야.

- 식사 중에 미안한데, 혹시 장수말벌 비비라고 알아?
- 장수말벌 비비라…, 설마 그 먹이 도둑을 말하는 건가? 벌침으로 위협해 내가 사냥한 먹잇감을 빼앗아 가는 파렴치한 녀석이지.
- 그 장수말벌은 비비가 아닐 거야. 비비는 굉장히 착한데 누군가에게 납치를 당한….
- 알 게 뭐야! 난 착한 장수말벌을 본 적 없다고.

장수말벌을 마지막으로 본 게 언제야?

글쎄? 그건 모르겠고, 내가 충고 하나 하지. 그 녀석들을 믿지 마.

사냥한 후라 위험하지 않으니 걱정 마.

사마귀는 장수말벌을 무척 싫어하는 것 같았어. 브르와 고나는 어쩔 수 없이 꾸벅 인사를 한 뒤 다른 곳으로 갔지.

고나는 자신이 사마귀가 좋아하는 잠자리나 메뚜기 같은 곤충이 아니라 정말 다행이라고 생각했어. 그리고 비비가 장수말벌에게 앙심을 품은 사마귀에게 잡아먹힌 건 아닐까 하는 불길한 생각까지 들었지.

브르는 바닥에 개미산이 있는 것을 발견했어.

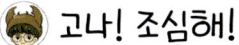 고나! 조심해!

사마귀 그림을 그리는 데 집중한 고나는 브르가 멈춰서는지도 모르고 앞으로 계속 걸었어.

휙! 브르가 고나의 몸을 재빨리 낚아챘어.

위험하다니까!

꿰에에엑!

팍!

브르가 아니었다면 큰일 날 뻔했어.
하지만 고나는 위험한 순간이었다는 걸 몰랐지.

괜찮아?

🐶 갑자기 왜 이래? 네가 당기는 바람에 머리가 다 망가졌잖아.

고나는 흐트러진 머리를 정돈하며 투덜댔어.

🧑 바닥에 개미산이 있어. 여기 닿으면 엄청 붓고 아파. 개미산을 '포름산'이라고도 하는데, 피부에 닿으면 물집이 생길 수도 있거든.

🐶 윽, 정말이야…?

🧑 이 정도 개미산이면 주위에 개미가 더 있을 거 같은데?

저기 개미굴 입구가 보여!

불개미 굴이네?

브르와 고나는 개미굴 입구에서 주위를 두리번거리며 망을 보는 불개미에게 다가갔어.

- 지하 감옥으로 엄청난 녀석을 옮기는 중! 동료들은 모두 불려 갔다. 나는 경비를 게을리할 수 없다.
- 지하 감옥? 거기가 어딘데?
- 비밀 엄수, 외부인 출입 금지!

불개미는 자기 할 말만 하고 급하게 개미굴로 들어갔어.

- 뭐 저런 곤충이 다 있어?
- 개미와 같은 페로몬이 없어 경계하는 거 같은데….

브르는 고나의 만능 가방에서 페로몬 향수를 꺼냈어.

개미들의 대화를 듣던 고나는 점점 지루해졌어.

🐑 아무래도 불개미들은 비비의 행방을 모르나 봐.

🐞 흠, 그런가? 그럼 풀숲을 더 살펴보자.

브르와 고나가 개미굴을 지나 숲으로 향하려던 때였어.

🐛 끄응….

이럴 수가! 바닥에 장수풍뎅이가 쓰러져 있잖아?
장수풍뎅이는 심하게 다쳐 몸이 여기저기 통통 부어 있었어.

🐑 말도 안 돼! 누가 이런 짓을…!

브르는 주위에 있는 나뭇잎이 상처에 좋은 약 재료가 될 거라고 생각했어. 나뭇잎에 꿀을 살짝 얹어 곤충 연고를 만들어 장수풍뎅이의 상처 위에 감싸 주었지.

도와줘서 고마워요!

근처에 이상한 개미가 있던데, 저 녀석들이 너를 이렇게 만든 거지?

개미 때문이 아니에요.

뭐, 개미가 아니라고?

흠흠..

내가 너무 성급했나?

🐛 그럼 누가 널 이렇게 아프게 한 거야?

🐰 어제 아침에 나무 수액을 찾아다니는데 멀리서 비비라는 장수말벌이 날아오는 걸 봤어요. 워낙 소문이 안 좋은 녀석이라 피하려 했는데….

🐰 그 녀석이 저에게 침을 마구 쏘았어요.

뭐? 비비가 그랬다고?

실종된 줄 알았던 비비가 장수풍뎅이를 공격했다니, 도저히 믿을 수 없었어.

🐻 그럼 비비가 어디로 갔는지 알아?

🐰 비비가 불개미의 먹이를 뺏으려고 날아가는 걸 보고 바로 도망쳤어요.

장수풍뎅이가 몸을 덜덜 떨며 말했어.

🐰 그런데 벌침에 맞은 상처가 너무 아파 얼마 가지 못하고 풀숲에 쓰러지고 말았죠. 지금까지요.

다행히 곤충 연고의 효과가 있었는지 장수풍뎅이는 점점 기운을 차렸어.

장수풍뎅이와 작별 인사를 한 브르는 잠시 생각에 잠겼어. 고나는 아무 말도 안 하는 브르가 답답했지.

- 난 아무리 생각해도 믿어지지 않아. 비비가 장수풍뎅이를 공격할 리 없잖아.
- 장수풍뎅이가 어제 아침부터 풀숲에 쓰러져 있었다면 비비와 마주쳤을 수 있어.
- 그럼 비비가 가출한 거 아닐까?
- 그렇다면 비비를 목격했다는 곤충들이 더 있어야 하는데 아무도 없잖아.

다들 이상한 말만 하고 도대체 뭔데!

집으로 돌아오지 않고, 30시간 넘게 사라진 상태라면….

아무래도 우리가 놓친 게 있는 것 같아.
 뭔가 알아낸 거야?

브르는 사건을 해결할 수 있는 단서가 머릿속에 떠올랐어. 그리고 몸을 휙 돌렸지.

장수말벌 부부는 집에서 비비를 애타게 기다리고 있었어. 브르가 달려가자 고개를 두리번거리며 비비를 찾았지.

- 우리 비비는요…?
- 아직 못 찾았어요. 하지만 그 전에 비비에 대해 묻고 싶은 게 있어요.

어라? 장수말벌 부부의 얼굴에서 초조함이 묻어났어.

- 비비를 찾기 위해 숲을 돌아다니며 곤충들에게 비비의 행방을 물었죠. 그런데 곤충들의 이야기를 듣다 보니 한 가지 수상한 점이 있더군요.

비비가 착한 아이라는 게 사실인가요?

그, 그럼요…. 당연하죠!

당황

"네가 수첩에 그린 비비를 보면 말이야…."

"초롱초롱한 눈빛에 환한 미소를 지닌"

"전형적인 착한 아이인데?"

"하지만 숲속 곤충들은 모두 다르게 얘기하더군요."

솔직히 말씀해 주셔야 비비를 빨리 찾을 수 있어요.

장수말벌 부부는 망설이다 입을 열었어.

"사실 비비는 자기보다 작은 곤충들을 많이 괴롭혔어요."

"꿀벌 주제에 까불지 마!"

"아야!"

"안 돼!"

"네 점심 내놔!"

"사건 의뢰의 기본은 신뢰이거늘, 어째서 저희를 속인 거죠?"

비비의 부모가 거짓말을 했다는 사실에 고나는 몹시 화났어.

"죄송합니다. 사실대로 말하면 비비를 안 찾아 줄까 봐…."

"저희에게는 세상에서 제일 소중한 자식이에요."
"비비가 돌아오면 앞으로 나쁜 짓을 하지 말라고 단단히 가르치겠어요."

장수말벌 부부는 엉엉 울며 비비를 꼭 찾아 달라고 몇 번이고 브르에게 부탁했어.

"걱정 마요. 저희는 어려운 일을 겪는 곤충을 그냥 지나치지 않거든요."

"그렇지, 고나?"

"뭐? 그, 그렇지!"

🧑 곤충들이 중요한 단서를 말했다고? 내가 다 기록하고 있었는데, 왜 몰랐지?

고나는 수첩을 급하게 꺼내 뒤적였어.

만능 가방에서 허둥지둥 수첩을 꺼내는 고나의 모습이 귀여워서 브르는 웃음이 절로 나왔어.

수첩을 읽고 나서도 고나는 단서를 찾을 수 없었어.

- 난 모르겠어!

고나는 답답하고 심통이 날 거 같았어. 하지만 브르는 고나에게 설명할 여유가 없었지.

그리고 뒤도 안 돌아보고 마구 달리기 시작했어.

- 여기서 시간을 낭비하면 안 돼. 시간이 더 지나면 비비가 위험해질 거야!

고나도 수첩을 다시 만능 가방에 넣고 브르를 쫓아갔지.

브르와 고나는 불개미굴에 도착했어.

- 역시…. 개미들이 굴 주변에 없는 걸 보니 큰 먹이를 굴 안으로 가져간 게 틀림없어.
- 큰 먹이라면, 혹시…?
- 아니길 바라지만, 비비일 가능성이 커.

브르의 말에 고나는 깜짝 놀랐어.

어떻게 작은 불개미가 거대한 장수말벌을 들고 갈 수 있을까? 고나는 불가능할 거라고 생각했지.

- 작은 불개미가 큰 곤충을 절대 못 이길 거라 생각하지만, 그건 불개미들의 힘을 몰라서 하는 소리야.
- 하지만 비비는 사마귀와 장수풍뎅이까지 위협하는 벌침이 있잖아.
- 일단 들어가 보면 알게 될 거야.

그리고 브르는 커다란 나뭇잎을 따서 고나에게 줬어.

브르와 고나는 불개미에게 들키지 않으려 조심히 이동했어.

불개미들은 맡은 일을 하느라 정신이 없어 보였어. 오히려 다행이었지.

미로 찾기

거대한 미로를 통과해 비비를 만나러 가요.

거대한 미로를 힘들게 통과한 브르와 고나 앞에 놀라운 광경이 펼쳐졌어.

수천 마리의 불개미들이 장수말벌 비비를 둘러싸고 있었거든.

비비는 꼼짝 못 하고 도망 다니고 있었지.

장수말벌이 불개미한테 괴롭힘 당하다니!

고나는 몸집이 작은 불개미를 의심 가는 곤충 목록에서 제외한 것을 후회했어.

수천 마리의 불개미가 독성이 강한 개미산을 내뿜으며 달려들고 또 달려들면 아무리 덩치가 큰 장수말벌이라도 당해 내기 어려울 거야.

갑자기 개미가 무서워지는데….

브르와 고나는 비비를 뒤덮는 불개미 떼를 보고 질색했어.

🧑 잠시만! 개미는 냄새를 잘 맡으니 꿀 향기로 불개미들을 유인하면 어떨까?

브르는 장수풍뎅이가 보답으로 준 향기로운 꿀단지가 생각났어.

🐶 개미가 꿀도 먹어?

🧑 그럼! 보통 식물이나 곤충이 나눠 주는 단물을 좋아해. 꿀단지개미는 배에 꿀을 잔뜩 넣어서 다른 개미에게 주기도 한다고!

브르가 힐끗 보니 비비는 괴로움에 지쳐 가고 있었어. 재빠르게 고나의 만능 가방을 뒤진 브르는 꿀단지를 꺼내 망설임 없이 벽에 던져 버렸지.

안 돼! 아껴 먹으려고 했던 내 꿀단지!

꿀단지가 깨지자 꿀 향기가 곳곳에 퍼졌어.
개미들도 더듬이로 꿀 향기를 느꼈지.

냄새를 맡은 개미들이 꿀 향기가 나는 곳으로 몰려갔어. 동시에 브르와 고나는 비비에게 달려갔지.

개미산의 독성에 의식을 잃어 가던 비비는 가까스로 정신을 차리고 탈출하는 데 집중했어.

길목마다 서 있는 개미들이 계속 달려들어 앞길을 막았어.

- 으윽, 난 물리기 싫어!
- 비비, 네 도움이 필요할 것 같아!

브르 일행이 개미 병사들을 피해 입구에 도착했을 때였어. 기쁨의 환호성을 지르려던 찰나, 누군가가 나타나 입구를 가로막았지.
바로 불개미들의 여왕이었어.

🐜 다른 세계에서 온 자들이여. 그 녀석을 두고 가거라.

불개미 여왕은 브르와 고나에게 단호하게 말했지.

🐜 저 녀석은 시도 때도 없이 우리가 땀 흘려 힘들게 옮긴 먹이를 가로챘어.

🐜 그뿐인 줄 알아? 얼마 전에 개미굴 입구도 다 부숴 놓았다고!

🐜 비비 때문에 알과 애벌레를 잃은 개미도 있어.

뒤따라온 일개미들이 너나없이 한마디씩 거들었어. 개미들의 말에 고나도 비비에게 잔뜩 실망하고 말았지.

하지만 브르는 포기하지 않았어.

🧒 여왕님, 비비는 그동안의 잘못을 뉘우치고 있습니다. 비비의 부모님께서도 앞으로 이런 일이 없도록 노력한다고 하였고요.

👑 다른 곤충에게 상처를 준 녀석의 눈물을 믿을 수 없다!

하지만 불개미 여왕은 화가 풀리지 않았어.

브르는 한 발짝 나아가 불개미 여왕에게 무릎을 꿇고 다시 한 번 간절히 말했어.

너그러운 여왕님, 한 번만 자비를 베풀어 주시기를 요청드립니다.

여왕은 지그시 브르를 바라봤어.

비비를 위해 무릎까지 꿇은 낯선 이방인의 모습에 감동을 받은 거야.

브르가 도와준다면 비비도 좋은 곤충으로 바뀔 수 있을 것 같았어.

자네의 마음이 참으로 아름답구나. 저 녀석을 풀어 줄 테니, 바른길로 이끌어 주거라.

끄덕

이제 부모님을 만나러 가야지!

살았다~!

우이이잉

브르는 무사히 비비와 함께 개미굴을 나올 수 있었어. 자비로운 불개미 여왕 덕분이었지.

🐛 비비가 사라졌다는 가족의 설명, 비비에 대해 얘기하는 곤충들의 말을 들으며 추리할 수 있었어요.

🐶 잠깐! 그건 나도 같이 들었던 거잖아!

🐛 끝까지 들어 봐. 이 사건에는 함정이 있었다고.

함정이라니! 탐정처럼 멋지게 사건을 기록하고 단서를 찾아다녔던 고나는 함정에 빠졌다는 사실을 믿을 수 없었어.

"헉, 족집게시네요!"

"혹시 점쟁이…?"

"그럴 리가. 곤충에 대한 관찰과 얕은 지식 덕분이지."

"내 기록도 한몫했을 거라고~."

하지만 비비도 몰랐겠죠. 개미들이 수천 마리씩 모이면 얼마나 강할지 말이에요.

브르의 말에 비비는 눈을 질끈 감았어.

"맞아요. 완전 지옥이었어요."

"다시는 경험하고 싶지 않아요."

브르는 장수말벌 부부에게 이제껏 곤충들이 비비 때문에 얼마나 힘들어했는지 알려 주는 것도 잊지 않았어.

비비도 다시는 곤충을 괴롭히지 않을 거라 맹세했지.

헤헤, 우리가 사건을 해결했네!

그래. 우리가 해냈어!

돌아온 비비를 꼬옥 안아 주던 장수말벌 부부가 브르와 고나에게 다시 다가왔어.

그리고 초대장을 공손하게 건넸어.

만능 초대장

곤충 세계와 인간 세계를 이동할 때 언제든지 초대장을 손에 든 채 **렛츠 기릿**을 외쳐 주세요.

🐛 이제 곤충 세계의 문이 활짝 열려 있답니다.

　브르는 앞으로 자주 곤충 세계에 와 탐정으로 활동할 수 있다는 생각에 기뻤어.

🐶 나를 빼고 혼자 오는 건 아니겠지?

🐝 같이 사건을 해결한 파트너를 왜 두고 오겠어!

　의기양양해진 고나는 아쉽게 못 먹었던 꿀단지 생각에 비비를 보며 퉁명스레 물었어.

숨겨 놓은 꿀단지 같은 건 없어?

네? 그런 건 없는데요.

굼적

멋지게 사건을 해결한 브르와 고나가 인간 세계로 돌아가려는 찰나 고나가 급하게 소리쳤지.

잠시만! 중요한 걸 잊을 뻔했어!

사건 기록을 위한 사진 촬영은 필수지!

찰칵!

절지동물과 곤충

브르의 곤충 탐구 파일

우리는 일상에서 다양한 생물을 만나요. 그 친구들은 곤충일까요, 아닐까요? 절지동물과 곤충은 무슨 관계이고 어떤 차이점이 있는지 알아봐요.

[절지동물] 절지동물은 몸에 여러 개의 마디가 있는 생물이에요. 지구 생명체의 약 80%를 차지하는 절지동물은 어디에서나 쉽게 볼 수 있지요. 절지동물은 번식력도 좋고 적응력도 좋아요.

[곤충] 절지동물의 대부분은 곤충이에요. 보통 날개를 가지고 있는 곤충은 몸이 머리, 가슴, 배로 나뉘어져 있고 다리가 6개인 생물이지요.

거미류의 생김새

- 머리가슴
- 배
- 4쌍의 다리

다지류의 생김새

- 더듬이
- 머리
- 몸통
- 다리

곤충류의 생김새

1쌍의 더듬이
냄새를 맡을 수 있어요. 더듬이의 털로 소리와 진동을 느끼기도 해요.

날개
대부분의 곤충은 가슴에 2쌍의 날개가 있지만 날개가 없거나 1쌍만 있기도 해요.

머리

가슴

입
강력한 턱으로 곤충을 사냥해요.

3쌍의 다리
곤충의 다리는 가슴에 붙어 있어요.

배
여러 마디로 나눠져 있어요.

벌침
매끈해서 여러 번 쏠 수 있어요.

꿀벌의 벌침
벌침의 돌기 때문에 한 번 쏘고 나면 내장이 따라 나와 죽게 돼요.

꿀벌의 입
빗자루처럼 생긴 입으로 꿀을 빨아 먹어요.

77

브르의 곤충탐구파일

개 미

전 세계적으로 1만 종이 넘는 개미는 1억 년 넘게 지구에 살았다고 해요. 모든 개미가 부지런히 먹이를 옮기고 열심히 일할까요? 개미에 대해 알아봐요.

[페로몬]

동물이 몸 밖으로 분비하는 화학 물질로 같은 개체의 무리끼리 소통하기 위해 사용되지요. 개미뿐만 아니라 벌 등 다양한 생물들이 페로몬을 통해 필요한 정보를 전달하며 집단을 조정하기도 해요.

경보 페로몬

개미가 적을 만나면 경보 페로몬을 발사해 동료를 불러 모아요. 경보 페로몬을 맡고 도착한 동료들은 적과 집단으로 전투하지요.

성 페로몬

소리나 몸짓으로 짝짓기 상대를 찾는 곤충도 있지만 개미는 페로몬을 사용해서 짝짓기 상대를 찾아요.

길잡이 페로몬

먹이를 발견한 개미는 먹이를 가지고 집으로 가는 동안 길잡이 페로몬을 뿌려요. 땅에 배의 끝 부분을 갖다 대고 끌면서 먹이의 위치를 알리지요.

🐶 그런 체력으로 어떻게 곤충 세계의 탐정이 되겠어!

🐂 너 저번 사건을 해결한 뒤로 좀 달라진 거 같다?

🐶 당연하지! 개미굴에 갔을 때처럼 체력이 필요한 경우를 대비해서 운동해야 한다고!

꽤 일리 있는 말이었지.

둘은 멀리 떨어진 산의 정상을 향해 열심히 달렸어. 한참을 달리는데 갑자기 하늘에 구름이 우중충하게 끼는 거야.

🐶 이게 무슨 일이지? 갑자기 어두컴컴해졌어.

🐂 여기 좀 이상한 거 같은데?

숲 여기저기를 살펴본 브르가 수상함을 느꼈어.

나뭇잎이 마구 뜯겨 있고 숲은 조용하다 못해 고요할 정도였거든.

으스스한 분위기에 겁먹은 고나는 당장이라도 집으로 도망가고 싶었어.

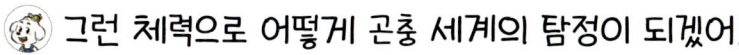

마치 곤충들이 모두 사라진 것 같잖아?

두리번

어두워져서 그런 거 아닐까?

두리번

순식간에 곤충 세계에 도착한 브르와 고나는 오싹오싹한 숲의 모습을 보고 깜짝 놀라고 말았지.

- 말도 안 돼! 너무 조용하고 으스스하잖아?
- 그러네? 곤충 세계에 왔을 때 풀벌레 소리가 엄청 크게 들렸는데.

바로 그때, 하늘에 먹구름이 끼고 숲이 어두워졌어. 그리고 이상한 소리가 들렸어.

브르와 고나는 정신없이 한참을 도망쳤어. 둘은 점점 지쳐 갔어. 더 이상 한 발자국 딛을 힘조차 없을 때, 하늘의 짙은 구름이 걷히고 햇빛이 비쳤어. 쫓아오던 괴상한 나뭇가지들은 어디론가 사라졌지.

🐶 헉헉…, 저 괴물들의 정체가 뭐야?

🐄 나뭇가지?

🐶 그래! 그건 나도 아는데, 어떻게 나뭇가지가 꿈틀꿈틀 움직이는 거냐고!

　바로 그때, 골똘히 생각하던 브르의 머릿속에 곤충이 하나 떠올랐어.

🐄 나뭇가지를 닮았다면 대벌레 아닐까?

　고나에게 조심스레 말해 봤지만 브르는 자신의 추리에 자신이 없었어. 대벌레는 남을 공격하는 곤충이 아니라, 눈에 잘 안 띄고 조용한 곤충이었거든.

🐶 그 녀석들은 곤충이 아니라 좀비라고!

　과연 정체불명의 물체는 무엇이었을까?

브르와 고나는 숲을 구석구석 조사하며 나뭇가지 좀비에 대한 단서를 찾아 헤맸어. 그러다 시끄럽게 떠들고 있는 무당벌레와 매미, 호랑나비를 만났지.

어느 새 소문이 난 건지 곤충들이 브르를 알아봤어. 고나도 질세라 자신을 소개했지.

🐶 흠흠! 나는 같이 사건을 해결한 고나라고 해!

🪲 마침 잘 왔어. 이 숲에서 이상한 일이 벌어지고 있거든.

좀비에 대한 질문을 하기도 전에 곤충들은 입을 모아 숲에서 벌어진 일들을 말하기 시작했어.

- 우리 애벌레들이 얼마 전부터 안 보여.
- 내 친구는 번데기 상태에서 갑자기 사라졌어. 다른 곤충들의 알도 없어지고.
- 게다가 요즘 산에서 이상한 괴담이 떠돌고 있어.

작년에 어떤 대벌레가 무더위로 죽었는데, 죽기 직전에 우수수 낳은 알에서 좀비가 나왔대.

대벌레 처녀 귀신이 밤마다 알을 낳는다는 얘기도 있어.

심지어 그 알이 태어나자마자 어른의 모습이라잖아.

 대벌레 알들이 좀비가 된 걸까?

대벌레는 무척 약한 곤충인데 어쩌다 괴담의 중심에 오르내리게 된 걸까? 브르는 이해가 안 갔어.

🐞 심지어 그 녀석들은 번데기 과정도 겪지 않는다고!

에이, 그건 성장 과정이 다른 거지. 무당벌레, 너는 번데기 과정을 거치는 **완전 탈바꿈**을 하고,

알 → 애벌레 → 번데기 → 성충

대벌레는 번데기 과정이 필요 없는 **불완전 탈바꿈**을 하는 거잖아.

알 → 애벌레 → 성충

매미도 불완전 탈바꿈을 하잖아.

🦗 나는 불완전 탈바꿈을 하는 대신 씩씩하고 우렁찬 목소리를 가졌잖아!

🦋 대벌레는 날개가 퇴화돼서 우리처럼 날지도 못해!

갑자기 곤충들은 자신들이 가진 능력을 뽐내기 시작했어.

고나는 잘난 척이 심한 곤충들의 자랑을 들으며, 번데기 과정을 겪는 게 좋은 건지 궁금해졌어.

- 어쨌든, 애벌레들이 어디 있는지 찾아 줘!
- 사라진 번데기 친구랑 알도 찾아 달라고!
- 숲에 떠도는 괴담이 진짜인지 확인해 줘.

브르와 고나는 싱숭생숭한 마음으로 자리를 떴어.

- 그런데 저 곤충들, 대벌레가 자신들이랑 다르다고 따돌리는 거 같지 않아?
- 사이가 좋아 보이진 않더라.

한참을 걸었지만 숲은 너무나도 고요했어. 곤충들의 말처럼 곤충의 알이나 애벌레, 번데기도 안 보였지.

- 다른 곤충들까지 다 좀비가 된 건 아니겠지?

🐶 갉아 먹힌 나뭇잎은 많은데 나뭇잎을 먹는 곤충이나 애벌레가 없는 것도 수상해.

🧒 아무래도 대벌레를 만나 봐야겠어!

대벌레가 사건을 해결할 열쇠를 가졌을 거라 생각한 브르와 고나는 숲을 구석구석 찾아 헤맸어.

🐶 도저히 못 찾겠어! 도대체 어디 있는 거야!

흠. 사실 아까부터 누가 우리를 훔쳐보는 것 같았는데….

어디서? 설마… 진짜 귀신?

두려움에 휩싸인 고나는 울음이 터져 버렸어.
곤충 세계에서 탐정 활동을 하려던 것이 후회되었지.

브르에게 들킨 대벌레는 살금살금 땅으로 내려와 기어 들어가는 목소리로 사과했어.

- 미안해요. 제가 수줍음이 많아서….
- 왜 숨어서 우리를 지켜본 거야?
- 맞아! 우리가 좀비… 아니, 대벌레를 얼마나 열심히 찾고 있었는데!

　그런데 이게 무슨 일이야? 대벌레가 닭똥 같은 눈물을 뚝뚝 흘리는 거야. 그 모습은 전혀 귀신이나 좀비 같지 않았어.

엉엉 울던 대벌레는 눈물을 닦고 입을 열었어.

🌿 브르 님과 고나 님이 곤충 세계에서 워낙 유명하잖아요. 반갑지만 인사드리기가 쑥스러웠어요.

🐨 나도 유명해졌다고?

고나는 유명하단 말에 귀가 번쩍 올라갔어.

역시 곤충 세계에서도 내 실력을 알아 주는군!

🌿 그런데 이곳에 퍼진 대벌레에 대한 안 좋은 소문 때문에 괜히 부끄럽네요.

고나는 곧 부러질 것 같은 몸으로 흐느적거리며 움직이는 대벌레가 무척 불쌍해 보였어.

🐶 우리는 그런 소문에 신경 쓰는 탐정이 아니라고!

🧑 맞아. 우리는 모두의 이야기를 들을 뿐이야. 그러니 편하게 얘기해 줘. 우리가 숲에서 좀비처럼 움직이는 나뭇가지를 봤는데, 혹시 그게 무엇인지 아니?

🐛 그건… 사실 우리 대벌레들이에요.

　사건이 쉽게 풀릴 것 같은 기대감에 브르와 고나는 눈을 반짝이며 대벌레의 다음 말을 기다렸어.

🐛 하지만 우리가 모여 있어서 좀비처럼 보인 것뿐, 저희는 절대 위험한 곤충이 아니에요.

대벌레는 힘이 없고 날개도 퇴화되어 적과 싸울 만한 공격 기술이 없어요.

나뭇가지로 위장하며 존재감 없이 살던 우리는 다른 곤충들에게 따돌림을 당했고요.

그런 곤충들을 피해 우린 한데 모여 조용히 살고자 했을 뿐이에요.

고나는 대벌레를 무시했던 곤충 삼총사에게 화가 났어.

🟢 무당벌레, 매미, 호랑나비가 이 숲을 주름잡는 인기 곤충이거든요. 특히 무당벌레는 번데기 과정을 거치지 않는 대벌레를 괴물처럼 여겨요. 전 이제 번데기를 볼 때마다 화가 난다고요!

🟤 이 근처에는 번데기가 없던데, 어디서 본 거야?
브르가 대벌레의 표정을 살피며 질문했지.

🐶 오해받아서 속상했겠다.
🦗 하지만 우리 대벌레들은 싸우는 걸 싫어해서 참았죠.

이렇게 착한 대벌레에게 좀비라고 하다니!
고나는 안타까운 마음에 대벌레를 도와주기로 결심했어.

🐶 우리가 대벌레들에 대한 오해를 풀어 주자.
🐻 대벌레가 몰려다니는 것을 본 곤충들이 좀비로 착각하는 바람에 이상한 괴담이 생긴 것 같지만….

브르는 고개를 갸웃하며 생각에 잠겼어.
하지만 고나는 마음이 급했지.

대벌레는 고나와 여러 번 악수를 하고 소리 없이 흩날리듯 돌아갔어. 그 모습은 무척이나 위태로워 보였지.

- 다른 곤충들이 대벌레와 잘 지낼 수 있도록 우리가 도와 줘야겠어.
- 그런데… 저 대벌레가 어디서 번데기를 본 걸까? 분명 이곳엔 번데기가 없었는데….

고나는 불쌍한 대벌레를 의심하는 브르가 답답했어.

고나의 설득에 결국 브르는 함께 곤충 삼총사를 만나러 돌아가기로 했지.

그런데 대벌레가 지나간 자리에 수상한 게 떨어져 있네?

　이건 무당벌레 번데기 껍질이잖아?

　움직이다 떨어진 거 아냐?

　번데기는 움직일 수 없어. 그런데 여기 껍질 조각이 떨어져 있다는 건….

번데기 껍질

애벌레 취각

오싹한 느낌이 들었어. 브르는 두근거리는 마음을 가라앉히고 대벌레 떼를 처음 봤던 장소로 달려갔지.

　맙소사!

나뭇가지에 호랑나비 애벌레의 취각이 달려 있었어.

취각은 적에게서 스스로를 보호하기 위해 내미는 노란색 뿔로, 무척 고약한 냄새가 나지. 그런데 이게 왜 이곳에 있는 걸까? 어쩌면 이 숲에서 아주 위험한 일이 벌어지고 있을지도 몰라.

　빨리 곤충들한테 가서 오해를 풀어 주자니까?

　너 먼저 가. 금방 따라갈게.

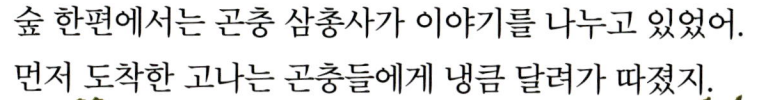

뒤늦게 도착한 브르가 숨을 고르며 물었어.

- 헉헉…! 얘들아, 이 숲이 원래 이렇게 조용했니?
- 작년까지만 해도 풀벌레 울음소리가 끊이지 않았는데, 요새는 조용해졌어.
- 번데기랑 알도 안 보이고 말이야.
- 우리 애벌레도 여기저기서 잎을 갉아 먹고 있어야 하는데 통 보이지 않는다고.

곤충들은 웅성거렸지.

- 대벌레의 오해를 풀어 주는 게 먼저 아니야? 왜 자꾸 이상한 질문을 해!

그때 대벌레가 브르와 고나 앞에 나타났어.

대벌레는 갑자기 나타난 걸까, 아니면 브르가 눈치채지 못하게 계속 따라다녔던 걸까?

브르는 잠시 생각을 정리하려는 듯 눈을 감았다 떴어. 그러고는 한층 진지한 눈빛으로 입을 열었어.

🛡️ 그 전에 묻고 싶은 게 있어. 대벌레 떼가 나타난 곳에서 애벌레의 취각을 봤어. 어떻게 된 일이야?

🌿 글쎄요. 전 무리와 어울리지 않아서요.

🛡️ 그럼 네가 지나간 자리에 떨어져 있던 무당벌레 번데기 껍질은 어떻게 설명할래?

시종일관 억울한 표정을 짓던 대벌레가 눈빛을 바꾸더니 사악한 웃음소리를 냈어. 고나는 자신의 귀를 의심했지.

- 역시 대벌레 녀석들이 몰려다녔던 건 다른 곤충들의 번데기와 애벌레를 없애려던 거였어!
- 뭐라고?
- 우리를 좀비라고 하다니 참으로 가소롭더군. 우리는 이 산에 선택받았을 뿐이야.
- 날 속이다니! 난 널 위해….
- 속은 네 녀석이 멍청한 거지!

고나는 배신감에 온몸을 부들부들 떨었어.

🐛 다른 곤충들이 불쌍하지도 않아? 왜 그렇게 못된 짓을 한 거야!

🐛 저 녀석들이 먼저 산에 어울려 조용히 살던 우리를 못살게 굴었다고. 큰 소리로 노래를 부르는 매미, 화려하게 날갯짓하는 호랑나비와 우리를 무시하는 무당벌레까지! 모두 이 산을 어지럽히는 곤충들이야!

곤충 삼총사는 할 말을 잃어버렸어.

🐛 작년부터 우리가 낳은 알이 겨울을 이겨내고 모두 살아남았지. 그때 난 알았어. 우리 대벌레가 이 산에 선택되었다는 것을! 얘들아, 모두 나와!

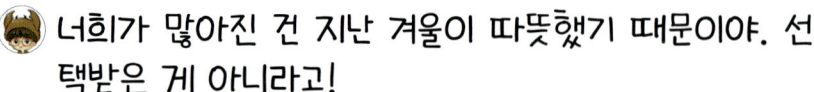 너희가 많아진 건 지난 겨울이 따뜻했기 때문이야. 선택받은 게 아니라고!

브르의 몸이 파르르 떨렸어.

대벌레는 수컷 없이도 암컷 혼자 알을 낳을 수 있어.
게다가 가장 약한 곤충이기 때문에
생존율을 높이려고 알을 많이 낳는데,
겨울이 따뜻해지며 그 많은 알이 모두 부화한 것뿐이라고.
다른 곤충들을 괴롭힐 이유가 전혀 없어!

맞아! 이 사악한 녀석들…

그래서 대벌레가 저렇게 많아진 거구나!

대벌레는 콧방귀를 뀌며 가소롭다는 듯 웃었지.

- 잘난 척 그만해. 천하의 정브르도 우리 대벌레 연합 조직을 이길 수는 없을 거다. 이곳이 네 놈들의 무덤이 될 거란 말이다!

대벌레 떼들이 순식간에 몰려들었어.

- 모두 저 나무 위로 올라가!

브르와 고나, 그리고 곤충들은 허겁지겁 나무 위로 도망갔어.

그때였어. 하늘을 뒤덮었던 먹구름이 걷히며 햇빛이 비치기 시작했어. 그리고 대벌레들은 마치 뱀파이어처럼 햇빛을 피해 그늘로 숨는 거야!

🐶 우리는 햇빛이 있는 길로 도망갈게! 너희들은 날아서 도망가!

 알았어! 너희도 어서 피해!

곤충 삼총사는 브르와 고나를 걱정스레 힐끗 본 뒤, 재빨리 날아갔어.

아까 물아붙여서 미안해!

 나도 날개가 있었다면 좋았을 텐데!
다시 어두워지기 전에 우리도 도망가자!

브르와 고나는 햇빛이 환하게 비친 곳으로 나무를 조심조심 내려갔어. 그런데 고나가 너무 긴장했나 봐. 실수로 만능 가방을 아래로 떨어뜨리고 말았어. 만능 가방 속에 든 물건들이 전부 흩어졌지.

안 돼!
내 만능 가방!

팟!

숨은 그림 찾기

고나의 만능 가방에 있던 물건 9개를 찾아 주세요.

숨은 그림: 삼각자, 빗, 포크, 집게, 수첩, 연필, 우산, 가위, 돋보기

내 물건들을 두고 갈 수는 없어!

아슬아슬하게 만능 가방과 물건을 챙긴 브르와 고나는 햇빛이 비치는 길을 따라 뛰었어.

그런데 구름이 다시 해를 가려 버린 거야!

고나! 아침에 운동했던 체력을 지금 써야겠어!

으악! 전속력으로 달리자!

우뚝! 마구 달리던 브르가 갑자기 멈춰 섰어.

"건너야겠지…?"

"다른 방법이 없잖아!"

예상치 못한 장애물에 잠시 머뭇거리다 한 걸음 뗄 때였어.

그사이 바짝 뒤따라온 대벌레들이 서로의 몸을 잡고 다리를 만드는 거야. 브르와 고나는 부리나케 뛰기 시작했지.

으아악

으악! 저건 또 뭐야!

도망치는 것도 쉽지 않나 봐. 어린 대벌레들이 징검다리 한가운데를 막고 있었거든. 하지만 어린 대벌레들은 좀비 같은 대벌레 연합 조직과는 달리 착해 보였지.

브르는 용기 내 말을 걸었어.

음, 어른들이 여기를 지키라고 했지만 사실 너무 지루해.

우리가 내는 퀴즈를 풀면 건너가게 해 주지.

못 풀면 물속에 빠뜨릴 거야.

퀴즈라니! 당황스러웠지만, 뒤쫓아오는 대벌레를 보니 망설일 시간이 없었어.

갈 길이 바쁜 브르와 고나가 소리쳤어.

좋아! 퀴즈 도전!

브르와 고나는 어린 대벌레들이 낸 퀴즈를 간신히 풀고 징검다리를 건널 수 있었어.
　힘겹게 산 입구까지 뛰어갔더니 대벌레들이 서로 엉겨 붙어 담을 만들어 산 입구를 막고 있잖아? 게다가 뒤따라오던 대벌레들도 바로 뒤까지 쫓아와 있었어.

🐽 우리 어떡하지? 이제 갈 곳이 없어.

　브르는 뭔가 결심한 듯 고나를 쳐다봤어.

정말 난감한 순간이었어.

🐛 브르! 이거 받아!

그때 하늘에서 무당벌레의 목소리가 들리는 거야! 브르는 무당벌레가 건네준 만능 초대장을 재빠르게 잡았지.

🦋 우리가 숲에서 만능 초대장을 발견했어!

위험한 상황에서도 만능 초대장을 전해 주려고 찾아와 준 곤충들에게 무척 고마웠어.

저 녀석들이 도망가도록 두면 안 돼!

산 입구를 막던 대벌레 떼들이 머리 위로 우수수 떨어지는 순간이었어.

집으로, 렛츠 기릿!

펑! 대벌레 떼가 브르와 고나를 뒤덮으려는 찰나에 둘은 연기처럼 사라졌어. 간발의 차이로 주문을 외워 인간 세계로 돌아갈 수 있었지.

우리 무사히 돌아온 거 맞지?

브르와 고나는 눈앞까지 밀려왔던 대벌레 떼를 생각하니 무척 끔찍했어.

날씨가 따뜻해져서 곤충들의 부화에 영향을 많이 주나 봐. 대벌레는 사는 동안 6~700개의 알을 낳는다더니, 수가 이렇게나 많아졌네.

고나는 몇백 개의 알이 떨어지는 것을 상상했어.

🧑 게다가 수컷 없이 혼자 알을 낳을 수 있으니….

🐶 그럼 수컷 대벌레는 없는 거야?

🧑 있지만 부화하는 알의 98%가 암컷이야.

🐶 대벌레가 많아진 것도 문제지만, 연합 조직까지 만들어 나쁜 짓을 하다니!

🧑 원래 대벌레가 다른 곤충을 공격하진 않는데, 어쩌다 이렇게 변했는지 모르겠어.

이제 곤충 세계에 남은 친구들을 도울 때야.

산을 더 조사해 보니 대벌레 떼가 산 여기저기를 휘젓고 다니는 것을 알아냈어.

대벌레의 개체 수가 너무 많아지다 보니 생태계에 문제가 생길 정도였지.

- 이 많은 대벌레가 또 알을 낳고 모두 부화한다면 대벌레가 산을 장악할지도 몰라!
- 다른 곤충들이 먹을 나뭇잎도 부족해질 거야!

브르와 고나는 생물을 사랑하는 친구들을 모두 불러 모아 대벌레를 물리치기로 했어.

🧑 이곳에 차단벽을 설치하자!

며칠 동안 브르와 친구들은 산에 있는 대벌레를 퇴치하기 위해 열심히 노력했어.

덕분에 대벌레의 수도 조금씩 줄어들었고, 곤충들은 평화를 되찾을 수 있었지.

🐥 휴, 며칠간 정말 힘들었어.
🐂 친구들이 도와줘서 정말 다행이야.

고나가 의자에 앉아 그동안의 일들을 생각했어.

🐥 대벌레한테 속은 게 아직도 분해!
🐂 힘이 없고 위장만 하는 곤충이라고 생각했던 게 함정이었어.

브르와 이야기하는 내내 고나는 의자에 앉아 손으로 턱을 괴고 있었어.

마치 유명한 탐정처럼 말이야.

며칠간 무척 피곤했던 브르와 고나는 걱정과 근심을 덜고 오랜만에 깊은 잠에 빠질 수 있었어.

그런데 그날 밤, 브르는 아주 이상한 꿈을 꾸게 되었어. 꿈속에서 수상한 유령이 엉엉 울며 브르를 찾아온 거야.

도대체 무슨 일일까?

스르륵, 푸푸는 울면서 어둠 속으로 사라졌어.

기, 기다려! 푸푸!

그 순간 브르가 식은땀을 줄줄 흘리며 잠에서 깨어 벌떡 일어났어. 그 소리에 쿨쿨 잠을 자던 고나도 깨 버렸어.

으음, 자다 말고 무슨 일이야?

장수풍뎅이 유령이 도움을 요청했어.

뭐라고?

브르의 곤충 탐구 파일
곤충의 탈바꿈

알에서 태어난 곤충은 유충(애벌레)에서 성충(어른벌레)이 될 때까지 여러 단계를 거쳐요. 이렇게 성장하며 생김새가 달라지는 것을 '탈바꿈(변태)'이라고 해요.

배추흰나비의 완전 탈바꿈

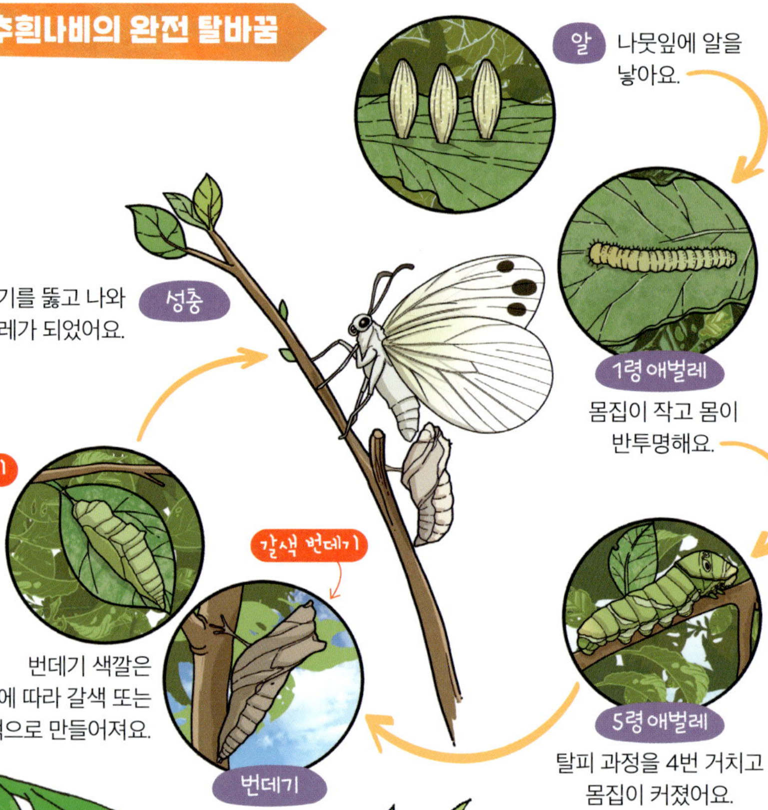

알 나뭇잎에 알을 낳아요.

1령 애벌레 몸집이 작고 몸이 반투명해요.

5령 애벌레 탈피 과정을 4번 거치고 몸집이 커졌어요.

번데기 번데기 색깔은 상황에 따라 갈색 또는 초록색으로 만들어져요.

(초록색 번데기 / 갈색 번데기)

성충 번데기를 뚫고 나와 어른벌레가 되었어요.

매미의 불완전 탈바꿈

매미, 사마귀, 메뚜기 등은 유충과 성충의 모습이 아주 비슷해요. 번데기 과정 없이 허물을 벗는 탈피 과정을 여러 번 거쳐 성충으로 자라나죠.

알

애벌레

성충

잠자리의 불완전 탈바꿈

잠자리와 모기는 번데기 과정을 겪지 않는 불완전 탈바꿈을 하지만 유충과 성충의 생김새가 다르고, 사는 곳도 달라요. 유충 때는 물속에서 살다가 성충이 되기 직전에 육지로 올라와요.

알

물속에 알을 낳아요.

애벌레

물속에서 여러 번 탈피해요.

물속을 벗어나 마지막 허물을 벗고 *날개돋이를 해요.

성충

날개돋이가 끝나 성충이 되었어요.

*날개돋이: 날개가 있는 성충이 됨.

곤충의 방어 기술

브르의 곤충 탐구 파일

곤충은 다양한 방법을 사용해서 스스로를 보호해요. 적으로부터 스스로를 지키기 위해 고약한 냄새를 풍기거나 커다란 뿔로 적을 위협하기도 하죠. 보호색으로 나뭇잎이나 흙바닥에 숨기도 해요. 색깔뿐 아니라 주변 환경과 비슷한 생김새로 적을 속이는 의태를 하는 곤충도 있답니다.

비슷한 생김새, 의태

난초사마귀

[난초사마귀]

예쁜 꽃과 비슷한 생김새를 가진 난초사마귀가 꽃 사이에 숨으면 적이 알아차리기 어려워요. 아름다운 꽃으로 위장하는 거죠.

가랑잎나비

[가랑잎나비]

가랑잎나비는 나뭇잎으로 착각할 만한 날개를 가졌어요. 7cm 정도의 갈색 날개 덕분에 다른 곤충들로부터 스스로를 보호할 수 있어요.

곤충의 위협

[호랑나비의 애벌레]

호랑나비의 애벌레는 위험을 느낄 때, 고약한 냄새가 나는 '취각'이라는 노란 냄새뿔을 내밀어 적을 쫓아내요.

[무당벌레]

화려한 몸색깔을 지닌 무당벌레는 적이 다가오면 죽은 척하다가 다리 사이에서 지독한 냄새가 나는 노란 액체를 내뿜어요.

> 윽, 냄새!

숨바꼭질하는 보호색

[방아깨비]

몸색깔이 녹색 또는 갈색인 방아깨비가 풀숲이나 흙바닥에 숨으면 색이 비슷해 적이 방아깨비를 찾기 힘들어요.

정답

56~57쪽

114~115쪽

120쪽

정답을 맞혔는지 확인해 봐!

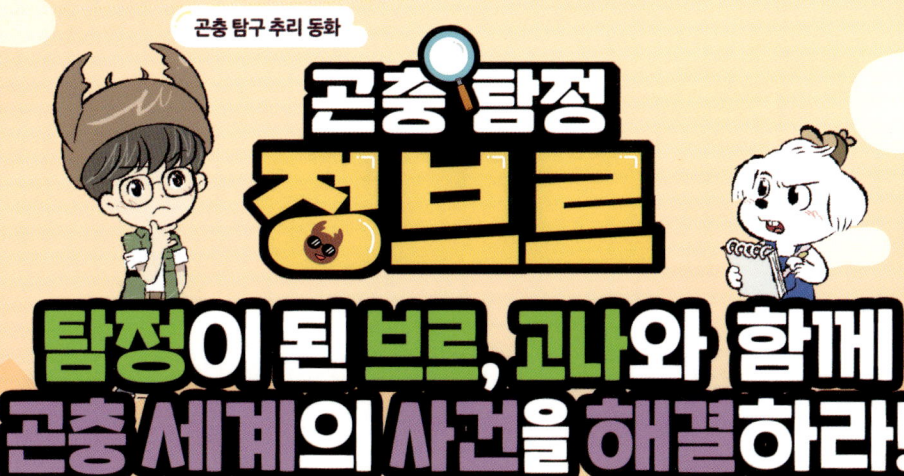

탐정이 된 브르, 고나와 함께 곤충 세계의 사건을 해결하라!

원작 정브르 | 감수 샌드박스네트워크 | 값 14,000원

흥미진진 추리 스토리

알쏭달쏭 곤충 탐구

구입 문의 (02)791-0708

유튜브 인기 애니메이션
뚜식이

엉뚱 발랄 뚜식이 뚜순이 남매의 웃음 폭탄 이야기!

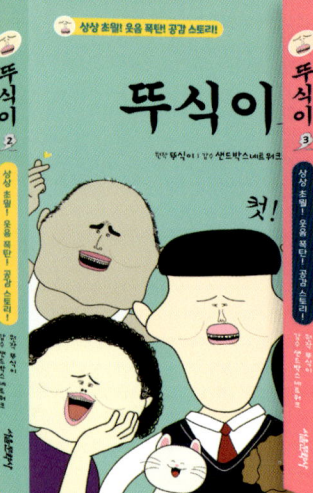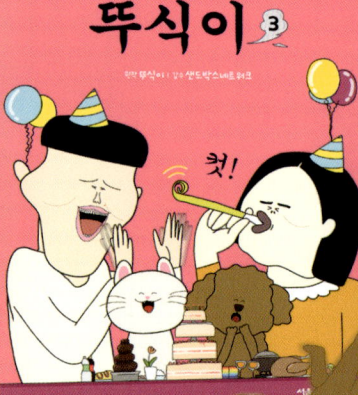

⚠ 주의 ⚠

 **미끄럼주의** — 책을 읽다가 너무 웃겨서 어깨춤이 절로 나와 미끄러질 수 있음.

 **빠짐주의** — 책을 읽고 뚜식이, 뚜순이의 매력에 빠지면 다시는 못 나올 수 있음.

 **뚜순주의** — 공공장소에서 책을 읽으며 큰 소리로 웃다가 뚜순이에게 혼날 수 있음.

ⓒ뚜식이 ⓒSANDBOX 구입문의 02-791-0708 (출판마케팅) 서울문화사

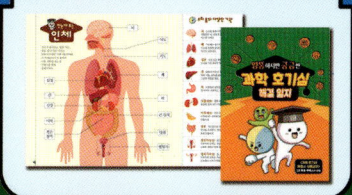